科学如此惊心动魄·历史①

上古龙珠的召唤

古希腊寻踪

纸上魔方　著

吉林出版集团股份有限公司 | 全国百佳图书出版单位

图书在版编目（CIP）数据

上古龙珠的召唤：古希腊寻踪 / 纸上魔方著. —
长春：吉林出版集团股份有限公司，2017.6（2021.6重印）
（科学如此惊心动魄．历史）
ISBN 978-7-5581-2372-6

Ⅰ.①上… Ⅱ.①纸… Ⅲ.①古希腊—历史—儿童读
物Ⅳ.①K125-49

中国版本图书馆CIP数据核字(2017)第120435号

科学如此惊心动魄·历史 ①

SHANGGU LONG ZHU DE ZHAOHUAN   GU XILA XUN ZONG

上古龙珠的召唤——古希腊寻踪

著　　者：纸上魔方（电话：13521294990）
出版策划：孙　昶
项目统筹：孔庆梅
项目策划：于姝姝
责任编辑：颜　明　姜婷婷
责任校对：徐巧智
出　　版：吉林出版集团股份有限公司（www.jlpg.cn）
　　　　　（长春市福祉大路5788号，邮政编码：130118）
发　　行：吉林出版集团译文图书经营有限公司
　　　　　（http://shop34896900.taobao.com）
电　　话：总编办 0431-81629909　　营销部 0431-81629880 / 81629881
印　　刷：三河市燕春印务有限公司
开　　本：720mm×1000mm　1/16
印　　张：8
字　　数：100千字
版　　次：2017年6月第1版
印　　次：2021年6月第7次印刷
书　　号：ISBN 978-7-5581-2372-6
定　　价：38.00元

印装错误请与承印厂联系　　电话：15350686777

前 言

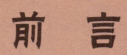

四有：有妙赏，有哲思，有洞见，有超越。

妙赏：就是"赏妙"。妙就是事物的本质。

哲思：关注基本的、重大的、普遍的真理。关注演变，关注思想的更新。

洞见：要窥见事物内部的境界。

超越：就是让认识更上一层楼。

关于家长及孩子们最关心的问题："如何学科学，怎么学？"我只谈几个重要方面，而非全面论述。

1. 致广大而尽精微。

柏拉图说："我认为，只有当所有这些研究提高到彼此互相结合、互相关联的程度，并且能够对它们的相互关系得到一个总括的、成熟的看法时，我们的研究才算是有意义的，否则便是白费力气，毫无价值。"水泥和砖不是宏伟的建筑。在学习中，力争做到既有分析又有综合。在微观上重析理，明其幽微；在宏观上看结构，通其大义。

2. 循序渐进法。

按部就班地学习，它可以给你扎实的基础，这是做出创造性工作的开始。由浅入深，循序渐进，对基本概念、基本原理牢固掌握并熟练运用。切忌好高骛远、囫囵吞枣。

3. 以简驭繁。

笛卡尔是近代思想的开山祖师。他的方法大致可归结为两步：第一步是化繁为简，第二步是以简驭繁。化繁为简通常有两种方法：一是将复杂问题分解为简单问题，二是将一般问题特殊化。化繁为简这一步做得好，由简回归到繁，就容易了。

4. 验证与总结。

笛卡尔说："如果我在科学上发现了什么新的真理，我总可以说它们是建立在五六个已成功解决的问题上。"回顾一下你所做过的一切，看看困难的实质是什么，哪一步最关键，什么地方你还可以改进，这样久而久之，举一反三的本领就练出来了。

5. 刻苦努力。

不受一番冰霜苦，哪有梅花放清香？要记住，刻苦用功是读书有成的最基本的条件。古今中外，概莫能外。马克思说："在科学上是没有平坦的大道可走的，只有那些在崎岖的攀登上不畏劳苦的人，才有希望到达光辉的顶点。"

北京大学教授/百家讲坛讲师

张顺燕

贝吉塔

阴险邪恶，小气，如果有谁得罪了她，她就会想尽一切办法报复别人。她本来是被咒语封了起来，然而在无意中被冒失鬼迪诺打开。在被打开之后，她发现丽莎的父亲就是当初将她封在石碑里面的人，于是为了报复，她便将丽莎的弟弟——佩恩抓走。

善良，聪明，在女巫没有被咒语封起来之前，被女巫强迫做了十几年的苦力。因为经常在女巫身边，所以也学到了不少的东西。后来因为贝吉塔(女巫)被封在石碑里面，就摆脱了她的控制。它经常做一些令人捧腹大笑的事情，但是到了关键时候，也能表现出不小的智慧和勇气。每到关键时刻，它与丽莎的完美合作总会破解女巫设计的问题。

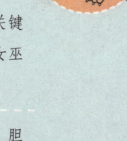

克鲁德小精灵

安得烈

外号"安得烈家的胖子"，虎头虎脑，胆子特别大，力气也特别大，很有团队意识，经常为了保护伙伴安全而受伤。

主人公介绍

丽莎

胆小，但却很聪明细心，善于从小事情、小细节发现问题，并找出线索，最终找出答案。每到关键时刻，她与克鲁德的完美合作总会破解女巫设计的问题。

迪诺

冒失鬼，好奇心特别强，总是想着去野外探险，做个伟大的探险家。就是因为想探险，他才在无意中将封在石碑里面的贝吉塔（女巫）释放了出来。

班奈特

沉着冷静，很有头脑，同时也是几个人中年龄最大的人。

佩恩

丽莎的弟弟，在迪诺将封在石碑里面的贝吉塔（女巫）释放出来之后，贝吉塔抓走了佩恩，就被女巫抓走做了她的奴隶。

目 录

目　录

古希腊

第一章

长耳朵精灵受伤了

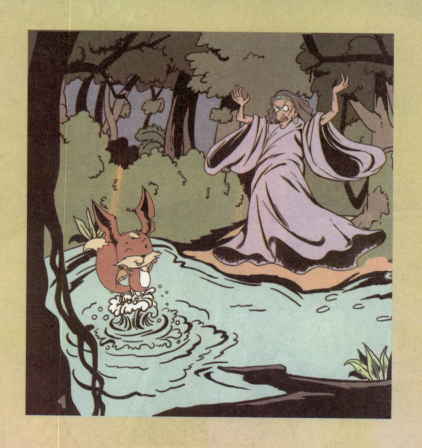

古希腊是一个国家吗？

　　初听到古希腊，相信很多人都会认为它是一个国家的名字，就像美国、英国一样。事实真的如此吗？让我们共同来看一下吧！

　　其实，古希腊并非一国一地的名称，它是由许多个城邦组成的，因此有着广阔的地域，囊括欧洲东南部，地中海的东北部，其中又包括希腊半岛、爱琴海，以及爱奥尼亚海上的群岛和岛屿、土耳其西南沿岸、意大利西部及西西里岛东部沿岸地区。

古希腊

耀眼的古希腊文明

在西方文明中，古希腊文明是最主要的源头之一。而且，古希腊紧邻地中海和爱琴海，所以，古希腊文明还有另一个称谓——海洋文明。在日月星辰的更替中，古希腊文明整整持续了650多年。

那么，如此古老、灿烂的文明是从何而来的呢？

在公元前五六世纪，特别是在希波战争之后，由于经济的高度繁荣，在那片广阔的地域里便产生了灿烂的希腊文化，并对后世产生了深远的影响。古希腊人无论是在哲学思想，还是在诗歌、文学、戏剧、神话，甚至在建筑、科学方面都有很深的造诣。最具有代表性的，诸如古典希腊哲学家柏拉图，闻名于世的《荷马史诗》，著名的《伊索寓言》，喜剧《鸟》《巴比伦人》《云》等，注重和谐、单纯、庄重以及布局清晰的古典建筑帕提农神殿、宙斯祭坛等。

古希腊与现代的希腊
共和国是同一个概念吗？

答：相信在很多人看来，现代的希腊共和国与古希腊没什么分别，不过是时间早晚的问题罢了。然而，它们根本就不是同一个概念。与古希腊相比，现代的希腊共和国国土范围要小很多，仅包括狭长的希腊半岛，而古希腊除此之外还包括爱琴海上的诸多岛屿、小亚细亚半岛、马其顿等。

第二章

消失的时光穿梭机

贝吉塔的眼珠转了转，她一下松开安得烈，安得烈跌坐在地上，大口大口地喘着粗气。

那你告诉我，哈恩的时光穿梭机在哪儿？

博士有时光穿梭机吗？啊，好酷！可惜，我不知道在哪里，要不是你说，我还不知道它的存在。

贝吉塔，我是真的不知道……咳……咳……松手，被你掐的滋味可真不好受。

安得烈试图挣脱贝吉塔的手，却被米奈用细爪子抓住了手腕，安得烈反握住米奈的爪子，将它甩到了墙上。

小胖子，你当我是傻瓜吗？

13

喂，你知道古希腊吗？

我问你，那里的人吃人吗？

啊！救命！我要回去！

吃啊，他们可是非常原始的，还用石头打猎呢！最喜欢吃你这种类型的。

这时，时光穿梭机突然剧烈震动起来……

15

最早在古希腊出现的人是什么样的？

在古希腊这片广袤的土地上，早在4万年前的旧石器时代，就已经有人类在此生活了。当时，他们居住在洞穴里，主要靠采集、狩猎维持生活。他们性格温驯，有着1.5~1.6米的身高，浅色的肤色，扁平的额头和圆滑的下颌角。

他们就是尼安德特人。那么，我们是否可以将他们称为古希腊人呢？

其实，他们归属于12万到3万年前的冰河时期原本居住在欧洲及西亚的人种，是现代欧洲人祖先的近亲。他们的足迹遍布中东甚至英国，往南还可以延伸到地中海的北端。

新石器时代来了

　　几千年过去了，生活在古希腊的尼安德特人突然消失不见了，在这片广袤的土地上，又出现了另一批居民，他们要比尼安德特人进化得先进很多，我们称他们为智人。

　　到了公元前6000年的新石器时代，他们开始掌握石器的磨制技术，而那些磨制石器的黑曜石，是他们从其他岛屿采掘而来的。不仅如此，在农耕、养殖方面，他们也有了一定的技术。而且，为了获取更多的食物，他们还学会了捕鱼。

尼安德特人灭绝的原因是什么？

答：至今为止，关于尼安德特人灭绝的真正原因并没有一个准确的答案，以下是一些相关推断：

（1）尼安德特人之间频繁的近亲繁殖，导致其最终灭绝；

（2）在早期智人庞大数量的迫使下，尼安德特人不得不迁往更难寻找食物和庇护所的地方。而他们终究伴随着4万年前欧洲大陆的气候变化，走向了灭绝之路。

第三章

失踪的安得烈

21

25

希腊人的祖先是谁？

希腊人的祖先属于印欧民族的一部分，他们最初居住在多瑙河下游和巴尔干半岛一带。大约从公元前3000年开始，因为某些原因，他们开始逐渐迁徙到希腊半岛北部，以及马其顿，我们称他们为"阿卡亚人"，他们在这里安然生活。

约公元前2000年，爱奥尼亚人、伊奥利亚人，以及多利安人也逐渐迁徙而来，他们与阿卡亚人一样，同属于希腊民族。而且，就连那些先前居住在此地的居民也被他们彻底征服并逐步同化，最终形成了同一民族，也就是所谓的希腊人。

祖先？

城邦，城邦

在那片广袤的地域里，希腊半岛无可厚非地成为古希腊人居住的核心地区。最初，也许是出于安全因素，邻近的人家开始相互联合，形成村社，他们会共同劳作。在那些欢庆、祭祀的日子里，他们还会聚在一起分享祭坛上的食物。

随着时间的推移，社会不断发展，逐渐形成了部落、城邦。在短短数百年间，那里竟建立了约450个城邦，其中最著名的有雅典、斯巴达、米丽都、底比斯等。

城邦与城邦之间的
政治是独立的吗?

答：在希腊半岛上，虽然城邦的面积一般都较小，但是每个城邦的政治都是各自独立的。只是，城邦与城邦之间会接触，而且非常频繁。也正因为如此，城邦之间才会经常相互敌对，甚至发生战争。

不过，尽管它们彼此之间战火纷飞，但那里的人们却使用同一种语言，拥有共同的文化背景。所以，当面对外敌入侵时，他们往往会联合起来共同对敌。

第四章

爱琴海的蓝色诅咒

在实验室，哈恩博士拿着一枚银白色的金属手环，丽莎等人围在他身边，好奇地盯着这枚手环。

博士，这小东西该怎么操作？

只要对着手环上的屏幕说出想要去的时代，手环就会带着你们穿越到那里。

博士那么厉害，我想，一定还有更神奇的发明在等待我们。

啊，真是不可思议！我都有些迫不及待了！

知我者，还是可爱的小丽莎。没错，我在穿梭机上安装了只有手环能识别的追踪器，它会告诉你们贝吉塔的位置。嗯，这枚手环还是交给小丽莎吧！

爱琴海上最大的岛屿

　　爱琴海位于小亚细亚半岛和希腊半岛之间，在这片蔚蓝的海域里，星罗棋布的岛屿可划分为7个群岛，而克里特岛是爱琴海中最大的一个岛屿，它就横亘在爱琴海的最南端，像一艘战舰般俯瞰着这片蓝得诱人的海洋。

　　当年，那些古希腊人就驾驶着小船从克里特岛出发，向南可以到达埃及，向北又可以到达希腊半岛。就这样，在四季的反复轮回中，开拓了人类最早期的贸易与交流，书写出丰富的历史长卷。

克里特岛

历史与神话

古希腊的历史绵延又丰润，与神的传说紧密交织在一起，那些神明的影子，或是出现在文学中，或是表现在艺术里，或是暗含在哲学中，又甚至存在于科学中。比如，雕塑会以神的躯体为模型，而戏剧又将神的故事作为题材。

在古希腊人的心中，神可以分为两种：一种是想象中的天神，他们是世间万物的主宰者；另一种是传说中的英雄，他们半人半神，是神与人结合的后代。而在古希腊人的眼中，神是与他们同在的，那些神就住在希腊半岛北部的奥林匹斯山上。

古希腊的神
是什么样的?

答:在古希腊人看来,神有着与人同样的身形与性别,他们有男有女,不但有神的形态,也有人的七情六欲。他们会恋爱,会嫉妒,会结婚,彼此之间会争斗,甚至也存在所谓的"宫廷政变"。

他们就住在奥林匹斯山上,但在众多的神灵中,有十二位最为重要,他们分别是众神之王宙斯、天后赫拉、太阳神阿波罗、月亮神阿尔忒弥斯、智慧神雅典娜、爱神阿佛洛狄忒、战神阿瑞斯、神使赫尔墨斯、农神德墨忒尔、火神赫淮斯托斯、海神波塞冬、冥神哈迪斯。

第五章

深陷克里特岛

啊！

这时，青鱼发现自己的身体正慢慢变透明。

你们要怪就怪贝吉塔。为了自由，我只能按照她的指示杀死你们。

贝吉塔，你这个骗子！啊，不……不……

在克里特岛的米诺斯王宫，丽莎缓缓睁开眼睛，便看见三张焦急的小脸。

我没事儿。这是哪里？

米诺斯王宫。

姐姐，你醒了。有没有感觉哪里不舒服？

这儿是王宫的储藏室，墙角那些陶罐里装的都是酒。哎，我的鼻子要被熏坏了。

那就别委屈你的鼻子了，走吧！

呃，真简陋！哪儿来的酒味儿？

42

啊！快跑啊！

到底怎样才能出去呢？

他们沿着迂回的走廊奔跑着，根本无暇顾及走廊上那绚丽多彩的壁画。

迷宫，迷宫

米诺斯王宫是克里特岛上最为恢宏的一座宫殿。在王宫周围，散落着一些贵族的宅邸，而在那些宅邸附近，还有许多简陋的茅舍和小屋，显然，那是贫民或是奴隶们的住所。

米诺斯王宫占地面积足有2.2万平方米，共有大小宫室1500多间，包括东宫、西宫、会议殿、双斧厅、王后寝宫、楼房、贮藏室、仓库等。

然而，这么一个看似浑然一体的建筑物，却有着令人难以捉摸的一面：那些华美的宫殿之间，竟然是用大小不一或高低错落的门厅、长廊、通道，以及阶梯相连。而且，那些廊道不但交错复杂，更迂回曲折，再加上那房舍间又是环环相绕的，所以，走在里面，竟有种步入迷宫的错觉。

米诺斯王宫

那些无与伦比的壁画

古希腊人是崇拜艺术的，他们用自己的智慧与热情将艺术凝聚在那些无与伦比的壁画中。

就像米诺斯王宫，无论是内室的墙壁，还是在迂回的走廊上，都绘制着色彩艳丽的壁画。它们就像是精美的连环画，向世人展示着古希腊人对生活的热爱。

那些壁画上有俊美活泼的青年、喜悦的少女、稳重的长者、穿着华丽长裙悠闲交谈的贵妇、神情庄严为神献祭的祭祀。

另有一幅专门表现王者的壁画，画中人身材修长，腰系短裙，头戴百合花王冠，一手执物，一手捋着黑发，正气定神闲地在花丛中散步。

为什么米诺斯王宫的壁画中
经常会出现公牛的形象？

答：关于这个问题并没有一个固定的答案。在米诺斯人的心中，公牛的地位非常崇高。当时的米诺斯人很喜欢做一种游戏，他们会接近发怒的公牛，然后迅速抓住它的角，再飞快地越过公牛的背，最后平稳地落到地上。有学者认为，这是一种神圣的祭祀活动。而且，米诺斯国王在参加宗教活动时，也会戴上公牛面具。可见，公牛在当时真的很受尊崇。

第六章

奇怪的房间

什么时候才是尽头啊？我……我体力马上就到极限了。

停！

丽莎，你要做什么？啊，他们追上来了，好多人！

丽莎指指手环，正要操作，被克鲁德拦住。

好浓的腐臭味儿，就在那里。

52

呃，尺寸小了点儿……啊，不会是安得烈吧？呜……呜……可怜的小胖子。

克……克鲁德，你觉得这个臭乎乎的东西会是贝吉塔？

55

青铜器与陶器

　　米诺斯人是充满智慧的，他们利用铜锡合金（锡青铜）不但制造出日常用的酒器、食器、美丽的首饰，还制造出大量的工具和武器。那些青铜器不但拥有精美典雅的造型，又能达到硬度和韧性的完美平衡，从中体现出他们技术的高超。

　　另外，他们还制造出很多雅致精美的陶器，并在那些纯色的陶体上，点缀上红色或白色的几何纹、旋涡纹、卷草纹等。

什么是线形文字?

大约在公元前2000年，也许是为了让生活变得更为方便，聪明的米诺斯人发明了文字，那便是所谓的象形文字，初期的象形文字太过烦琐复杂，使用起来不方便。所以，在公元前1900年，他们又创造出既简单又便利的线形文字，即后来的"线形文字A"。

最初，这些文字被刻在泥版上，存放于王宫的储藏室里，也许他们原本只想作为短暂的保留。不料，王宫被大火烧毁，泥版被烧成陶片，这些文字就这样被永远地保存下来。

为什么克里特文明会衰亡?

答:公元前1450年,仿佛只是一夜之间,克里特岛上的所有城市突然全部被摧毁,米诺斯人从此一蹶不振,而这个古老的国度开始以迅雷不及掩耳之势走向灭亡。那么,其中的原因究竟是什么呢?

有人认为是火山突然爆发引起的地震摧毁了米诺斯王国;有人认为是迈锡尼人从希腊大陆涉海而来,入侵了米诺斯王国,直接导致了这个国度的衰亡;有人认为是这两种原因并存,既有天灾,又有人祸。

第七章

哭泣的"亡灵"

手环，我们要去迈锡尼。

瞬间，他们便出现在一个圆形的大厅里。

是啊，好多的石头！还有大厅的顶部，怎么那么像……

哎，克鲁德你真是……这是哪里？还好，这地方还有一个通往外界的门？

——蜂窝。如果我没记错，这儿是迈锡尼的王陵。

我们跟死人真是有缘！

没有。

丽莎，手环有反应吗？

狮子门

威武善战的迈锡尼人挥军一举夺下了克里特岛，从而成为地中海的新一代霸主，建立了迈锡尼国度。

迈锡尼卫城建立在伯罗奔尼撒半岛的东北部，城门高大而宏伟，两边竖立的门柱是没有经过切割的大石块。而柱子上的横梁同样是一块巨大的石头，在横梁的上方，有一块三角形的大石板，上面雕刻着两只威武的狮子，城门因此得了一个霸气的称呼——"狮子门"。城墙大约有6米厚，8米高，均用巨石堆砌而成，石与石之间并未掺杂任何黏合材料。可见，迈锡尼人是多么有智慧啊！

哇！

山谷里的"宝藏"

在狮子门西南大约500米的山谷中，隐藏着迈锡尼王室的陵墓。因为历代国王在下葬时，会随葬许多珍贵之物（金银器物、武器等），所以，王陵又有"阿特柔斯宝库"之名。

在那庞大的王陵前，"横亘"着一条约40米长的石头墓道，墓门的结构类似于狮子门。穿过墓门，映入眼帘的是一个顶部呈圆形、状似蜂窝的大厅，紧邻大厅的侧面，有一条狭窄的通道。若径直穿过通道，便会到达安葬者的墓室，而迈锡尼的历代国王都长眠于此。

是谁创立了
迈锡尼？

答：在伯罗奔尼撒半岛上，聪慧、骁勇的阿卡亚人建立了很多小国家，其中最为强盛的便是迈锡尼，而在他们统治的数百年里所产生的历史、文化、艺术等，被统称为"迈锡尼文明"。

其实，早在公元前2000年，希腊半岛上便出现了迈锡尼人，只是他们发展得较慢，直到公元前1600年才正式建立王国。而由此产生的"迈锡尼文明"大约延续到公元前1100年。

第八章

手环危机

丽莎等人走出墓穴后，并没有发现有守卫的士兵。只见，山谷里，夕阳西沉，花草丛生。

嘀嘀……

糟糕！手环电量过低，系统无法运行了。

博士还真是不靠谱儿！

那是不是意味着咱们回不去了？

这手环是太阳能的。明天若是阳光明媚，电量就会自动恢复。

特洛伊战争的真相是什么？

特洛伊战争发生在迈锡尼文明时期，这场战争曾被赋予浓郁的神话色彩。

为了争夺世界上最美的女人海伦，阿伽门农、阿喀琉斯率领希腊军，大力攻打以帕里斯以及赫克托尔为首的特洛伊。这一战，便整整持续十年；这一战，曾有不少神参与，如赫拉、雅典娜、波塞冬曾联盟于希腊军，而阿佛洛狄忒和阿波罗则全力支持特洛伊；这一战，双方均失去了领军人物——阿喀琉斯、赫克托尔；这一战，曾出现最著名的木马计……

然而，这毕竟是被神话过的，那么，战争的真相到底是什么呢？

公元前12世纪，迈锡尼国王为了争夺海上霸权，不惜与小亚细亚半岛西南沿海国家发生冲突，特洛伊战争不过是其中最著名的一战，而这场持续了十年之久的战争，也最终致使迈锡尼元气大伤，再也不复往日辉煌，一步步走向灭亡。

木马屠城计

在被赋予神话色彩的特洛伊战争中，最著名的莫过于"木马计"。

在古希腊的神话中，特洛伊的王子帕里斯曾到古希腊斯巴达王墨涅拉奥斯的皇宫做客。在那里，王子受到了盛情款待。只是，帕里斯却拐走了墨涅拉奥斯美丽的妻子海伦。这下惹恼了墨涅拉奥斯，他决定和兄弟阿伽门农讨伐特洛伊。无奈，特洛伊城池非常牢固，易守难攻，整整攻打十年也未能将其攻下。

这时，英雄奥德维休斯献出计策，他命令希腊士兵烧毁营帐，并迅速登上战船离开，给特洛伊人制造撤退回国的假象，而且还故意在城门外留下一匹巨大的木马。不明所以的特洛伊人真的认为希腊人落败而逃，并决定将这匹木马当作战利品拖进城内。

就在当晚，特洛伊人围着木马载歌载舞庆贺胜利。可是，真正的悲剧开始了，就在他们酒后酣睡时，藏在木马中的希腊士兵悄悄溜出，打开城门，将那些早已埋伏在城外的希腊军队放进城内。结果，仅一夜之间，特洛伊便成为一片废墟。

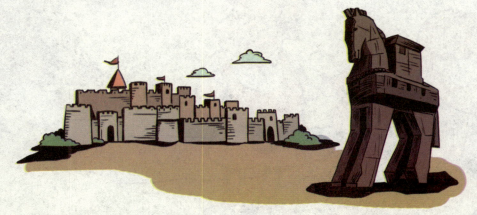

特洛伊战争中的
神话故事取材于哪里？

答：整个故事是以荷马史诗《伊利亚特》为中心，并依据索福克勒斯的悲剧《埃阿斯》《菲罗克忒忒斯》，欧律比德斯的悲剧《伊菲革涅亚在奥利斯》《安特洛玛克》《赫库芭》，维吉尔的史诗《依尼德》，奥维德的长诗《古代名媛》等多部著作而来的。在这则故事中详尽地叙述了特洛伊战争的情况，其中包括海伦的身世、战争的起因、诸神的分队而战、阿喀琉斯之死、屠城的"木马"。

第九章

宁静的夜

迈锡尼城中，丽莎几人缩在城墙角落里，紧张地看着对他们侧目的路人，克鲁德不停地打着喷嚏。

阿嚏！不，我们要爬到房顶上去，这样抬头就能看见满天的星星。

你有完没完？我们一晚上都要在墙角缩着吗？

阿嚏！

他们相互扶持着爬上房顶。克鲁德又打了一个喷嚏。

感冒了？

荷马非"河马"

　　荷马是古希腊伟大的诗人，大约生活在公元前9世纪到公元前8世纪之间。荷马也是一位盲人，曾弹奏着竖琴游走于希腊各地。在树下，在河边……为人们唱着一个又一个美丽而充满传奇的故事。

　　不过，关于他的具体出生地，却至今都未确定。有人说他出生在雅典一带，有人说是希腊东部靠近小亚细亚半岛一带，有人说他生于希腊北部，又有人说他是希俄斯岛人……

　　荷马，之所以被世人认知、崇拜，与他创作的长篇叙事史诗《荷马史诗》密切相关。《荷马史诗》包括《伊利亚特》和《奥德赛》两部分，描绘了特洛伊战争，以及海上的一些冒险故事，全书充满了浓浓的神话色彩。因此，在后来很长的一段时间里，这部长篇史诗严重影响着西方的宗教、文化，甚至伦理观。

《荷马史诗》是如何问世的？

　　闻名于世的特洛伊战争整整持续了十年，而在这十年的战争中曾涌现出很多英雄事迹，于是，当战争结束后，一些民间歌手便将这些英雄的事迹编成短歌，并开始在公众场合吟唱，而且还受到了人们的强力推崇。

　　于是，历经几个世纪的传唱，到盲诗人荷马生活的时代，他便将这些流传于各地的短篇诗歌汇集起来，并加以增删和润色，从而形成了闻名于世的《荷马史诗》。

　　《荷马史诗》分为《伊利亚特》《奥德赛》两部，每部皆为24卷。最初，史诗只是人们口头吟唱，并没有形成书面文本。直到公元前6世纪，才最终在雅典以文字的形式记录下来。到公元前3世纪至公元前2世纪，该书又经亚历山大里亚学者编订。这部书的形成经历了几个世纪，掺杂了各时代的历史元素，可以看作古代希腊人的集体成果。

在漫长的历史长河中，
诗人荷马是否真的存在？

答：在世界历史中，关于盲诗人荷马的身份还真是颇具争议。因为，对于他的生平，人们可以说是一无所知，甚至他到底出生于何地，都没有一个确切的说法。因此，有些人开始怀疑历史上根本就没有荷马其人的存在，"荷马"不过是众多诗人的代称。而且，有人还进一步考证过，《伊利亚特》和《奥德赛》两部史诗的写作年代前后相隔至少数百年，根本不可能是一个人的作品。

不过，在现代学术界一般都认为荷马是真实存在的，他确实是一个天才诗人，但对他的名字是否叫"荷马"还存有怀疑，一些学者认为他也许是另有其名。

第十章

奇怪的"男人"

在宙斯神庙，明媚的阳光洒在熟睡的几个孩子身上，克鲁德伸着爪子在他们脸上蹭来蹭去。

这是哪里？

天哪！又莫名穿越了！

奥林匹亚的宙斯神庙。

那个老巫婆在哪里？

你以为拍戏呢！手环突然发出信号，但你们睡得就像猪一样，只好我辛苦一下了。

外面好吵啊！

宙斯神庙外，丽莎几人兴奋地看着一群正沿着崎岖山路奔跑的男人。

哇，传说中的运动会！

佩恩打着口哨，克鲁德想制止他已经来不及了，围观的人群闻声都向他们望过去。

抓住这几个穿着怪异的孩子，他们是奸细。

在哪儿？

贝吉塔混在人群里。

奥林匹克运动会的由来

在古希腊的每个城邦，几乎都有运动场的影子，而且在各地都有区域性的运动会。其中，最为著名的便是奥林匹克运动会，那么，它是怎么产生的呢？

相传，"大力神"赫拉克勒斯是奥运会的创始人，他曾借助宙斯的神力完成不可能完成的任务，最终赶走国王奥革阿斯。为了表示对宙斯的感谢和敬爱，他特举办了首届奥林匹克运动会。可见，最初举办奥林匹克运动会是为了祭祀神灵，后来才逐渐演变成人们相互竞技的活动，最终成为一场运动盛典。

奥运会在盛夏七月举行，每四年举行一次。当时的运动员大多是那些英勇的战士。所以，当举行运动会时，为避免有人会乘虚而入，诸邦之间共同签订契约，比赛期间不得开战，即便正打得热火朝天，也要为奥运会停战。

古希腊奥运会的比赛项目有什么？

　　最初，奥运会只有一天，直到公元前472年举办的第77届奥运会，比赛时间才延长为五天。而且，在比赛的第一天要举行宗教活动，那场面隆重至极，哪怕是在海外殖民地的希腊人也要赶回来参加对众神之王宙斯的献祭。之后，比赛才算正式拉开帷幕。

　　最初的奥运会比赛项目单一，只有单程赛跑，后来才逐渐增加了摔跤、掷石饼（掷铁饼）、赛马、战车赛、五项竞技等。其中，赛跑是最为古老的比赛项目；赛马比赛中所使用的马并不配备马鞍；战车赛因为十几辆马车一齐出动，危险性十足……而在这所有的比赛中，最吸引人的当属五项竞技，其先从短跑开始，然后是被誉为最优美的运动——跳远，接着是掷铁饼、投标枪，最后是摔跤比赛。

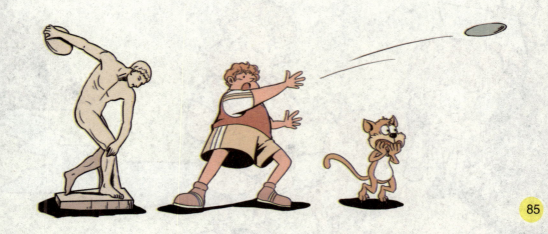

在古希腊奥运会中
为什么不允许女性参加?

答:因为奥运会本身具有很强的宗教意识,所以对运动员的身份要求非常严格,要求运动员必须是希腊人,而且还得是自由民,不能是奴隶,更不能是女人。在那时,女人是被严格排斥在奥运会之外的,不仅不能参加比赛,就连观看都不可以,违者一律处死。

不过,在奥运会上还是有一个女人可以存在的,那就是主持开幕式的女祭司,除她之外,再不允许有女人出现在赛场。

第十一章
星矢"毁容"了

89

古希腊的葡萄美酒

在古希腊，葡萄酒可谓是当时希腊人的日常饮品。那时，沿海而居的希腊人根据当地的气候，开始大面积地种植橄榄和葡萄。又因为海边的风较大，他们便将葡萄种在多石的土地中。而在这种地质环境下长出的葡萄，远比那些在原野葡萄园里种出的葡萄味道更鲜美。当葡萄成熟后，他们便大片大片地采摘，并将那沉甸甸的葡萄酿成他们最爱的葡萄酒。

或许是因为他们想让葡萄酒喝得时间长些，他们常会在酒里加些水。然后，希腊男人们便会常常聚在一起开怀畅饮，若是在正式的场合，他们还会在酒里加些小调料（如松脂）。可见，希腊人对葡萄酒的热衷，这也恰恰体现在《伊利亚特》中，盲诗人荷马将希腊描绘成"紫色的海洋"。

葡萄酒

古希腊人吃什么?

　　古希腊人的饮食是非常简单的,哪怕是一顿丰盛的希腊大餐,也不过是一个热汤或是葡萄酒、一道莴苣色拉、一道热的肉菜或是些海产品,再配上些面包……更别提他们的日常饮食,那真是简单得不能再简单,有时一个洋葱、一个鱼头、几颗橄榄,便能作为他们的一顿正餐。那么,除了这些,他们的食物还有哪些呢?

　　其实,他们最常吃的是蔬菜、水果、豆类、坚果和鱼,并将面包和麦片作为主食。而肉类,他们只吃家养的猪或是偶尔猎到的鹿、野兔……至于其他肉类,他们则吃得很少。

　　而且,在他们的生活中,橄榄占有非常重的分量。他们会将橄榄提炼成化妆品,并用其榨出的油来照明,甚至可以将其当作药物使用。

智慧树

为什么古希腊人
崇尚简单的饮食？

答：因为在古希腊人看来，食物只是用来果腹的，若是过分沉迷于美食，动辄就大吃大喝，只会让大脑变得迟钝，甚至会忘记该如何去思考。所以，他们推崇简单的饮食，即便是在宴会上，食物也是极为常见，极为简单的，而那些宴会的主要人物——古希腊的男人，便会在用过正餐后，喝着兑了水的葡萄酒，高谈阔论。

第十二章

再见，苏格拉底

啊，苏格拉底来了！

在雅典城广场中心，伫立着神庙和议事厅。广场上摆着各种小摊，热闹非凡。丽莎几人看得兴奋异常

我的男神，终于见到了您的本尊！

糟糕，这下真的有麻烦了。

西方建筑史上的奇迹

雅典卫城是西方建筑史上的一个奇迹，那里有格调完美的帕特农神庙，还有那高耸在海边守卫着雅典的雅典娜神像，而那围绕卫城的城市建设得因地制宜，更是很好地诠释出艺术性与实用性完美融合的建筑空间。

最初，雅典人住在坐落于海拔150米，面积约为4万平方千米的高地之上的卫城，后来，随着人口日益增多，人们开始逐渐移居到山下的城市，而卫城便成为祭祀守护神的场所。

后来的雅典城，以广场为中心，四周遍布着居民区，而广场本身，也成为社会及经济中心，那里伫立着神庙、议事厅还有一些廊柱。而且，广场既是雅典人的社交场所，又是市场，不但有出售蔬菜、鱼肉的小贩，还有兜售瓷器的商人。

苏格拉底之死

苏格拉底——古希腊著名的思想家、哲学家、教育家，他与自己的学生柏拉图、柏拉图的学生亚里士多德并称为"古希腊三贤"。但就是这么一位伟大的哲人，却被判处死刑，最终饮下毒酒身亡。那么，究竟是什么原因导致这场悲剧的发生呢？

其一，他是一位鄙视空谈的哲学家，主张专家治国论，反对抽签、投票的民主形式，从而引起那些以投票选举产生的政治家的愤恨。

其二，苏格拉底想引进新的神灵，不相信城邦的守护神。

其三，苏格拉底引导青年要有自己的思想，无论是对人生还是对未来都要做深入思考，从而使青年与父辈之间产生隔阂。

古希腊的女子为什么
禁止出现在公共场所？

答：在古希腊，重男轻女的思想极其严重，在他们看来，男性可以继承家产，而女性不过是家庭的附庸，不可以拥有任何财产。即便很多城邦都已经实行民主制，但那些所谓的"自由""民主"也只针对男性而言。虽然女人们也顶着"公民"的头衔，却不过是为了生育下一代"公民"罢了。

那时，几乎所有的女人都被限定在自家的小圈子内，她们根本不可能出现在公众场合，与社会自然也是脱节的。而且，她们在法律上根本没有个人行为能力，必须由男性亲属作为监护人。因此，当她们年轻时，父兄可作为监护人，结婚后便是丈夫，而丈夫死后则是儿子。

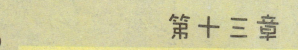

第十三章

新娘阿芙不见了

又来了……

走，去喝酒喽！

克鲁德，别闹了，贝吉塔到底在哪里？

往前1000米，有一场婚宴，贝吉塔就混在里面。只是，我的鼻子却没闻到任何味道，真是废了！

别担心，博士会有办法的。眼下最要紧的是改变我的形象。

新娘家的院子里，热闹非凡，几个孩子缩在角落里，盯着来往的人。

不知道她会扮成什么样的男人。瞧瞧，那个男人长得可真丑！

看，那个男人一直在吃。我记得贝吉塔是非常好吃的。

嗯，是个大美人！糟糕，长耳朵说上古龙珠就藏在新娘的身体里，那么她……

姐姐就是厉害！

新娘美吗？

要结婚了

古希腊的女孩子在没有出嫁之前，必须"待字闺中"，过着"大门不出，二门不迈"的生活。不过，因为古希腊人非常重视对儿童的教育，所以，女孩子们也要读书、写字，学习音乐与舞蹈，而且还要了解作为一名主妇和母亲所应掌握的相应知识。而她们的母亲，便担当起教导她们的责任，作为她们的第一任教育者。

当古希腊的女孩子年满15岁，便到了出嫁的年龄，而她们的丈夫往往会年长她们很多。因为那时的婚姻多由父母决定，所以夫妻双方在结婚前大多都没有见过面。

在结婚前一天，女子会将孩童时期的玩具献给月神阿尔忒弥斯，以宣告童年结束，然后她们会选择一条清澈的河流沐浴。在结婚当天，男女双方家族都要祭神，之后再大摆宴席招待亲戚。就在当天晚上，新郎会用马车迎娶新娘。到了新郎家，新娘会被抱着跨过门槛，此时，观礼的众人会在一对新人身上撒下坚果和水果表示祝福。

婚后的枯燥生活

对古希腊的女子来说，婚姻并没有给她们带来多少快乐。婚后的她们，就像是生育机器，要不停地繁衍后代，而且还要管理繁复的家庭生活，监督奴隶工作。对她们来说，几乎一整天的时间都被做饭、洗衣服、织布等家务占满，而与丈夫一起用餐却成为奢侈之事，更别提其他娱乐。当然，她们更不能与除家庭成员之外的男子同处一桌，否则将会被视为不成体统。甚至，在富裕的家庭，妻子与丈夫亲密接触都被视为禁忌。

在离婚方面，男女双方又享有不同的权利。男子离婚很容易，倘若怀疑妻子不忠或是不能为其生育后代，只要在证人面前宣布离婚即可生效。而女子若要离婚，不但要有重大的理由，而且还要经过复杂的法律程序，即便如此，最后还不一定会得到批准。

古希腊教育男孩和女孩之间有什么区别？

答：以雅典为例，在七岁之前，无论男孩还是女孩，都由母亲照料。年满七岁后，男孩与女孩就要分开生活。女孩开始学习家务活儿，而男孩则要开始接受正式教育：

（1）在学校接受教育：学习书写、算数；进行阅读；熟读史诗；学习音乐、歌唱。

（2）在体操学校学习：十三四岁左右，进入体操学校，进行体育锻炼。

（3）毕业后，大多数孩子选择回家；显贵子弟则要进入国家体育馆继续学习。

第十四章

被丢弃的米奈

别愣着了，贝吉塔在里面呢！

这里除了雕像还是雕像，穿梭机那么大个儿，贝吉塔块头儿也不小，会藏在哪儿？

突然，丽莎被绊倒，佩恩将她扶起来，却发现绊倒丽莎的竟是黑精灵米奈。

呜呜，贝吉塔女王不要米奈了，米奈好伤心！

喂，不要再哭了，拜托你搞清楚现状！

小黑子，不许耍花样！

不会。小胖子救了米奈，我是有良心的。他被藏在神像的后面。

求你们不要伤害米奈。我知道那个小胖子在哪儿。

111

世界上最早的古代大庙宇——帕特农神庙

雅典卫城是一座整体的架构，完美地体现出古希腊建筑巅峰时期的特点。而帕特农神庙（又名雅典娜神庙）就坐落在雅典卫城广场的右侧，山的制高点上。其可谓是世界上最早建成的古代大庙宇。

帕特农神庙建于公元前447年—公元前438年，是卫城的主体建筑，整体呈长方形，庙内有前殿、正殿和后殿。仅神庙的基座占地就有半个足球场之大，而46根高达10.4米的大理石柱则支撑起神庙。

可以这么说，帕特农神庙的设计代表了古希腊建筑艺术的最高水平。不单单是其气宇非凡的外表，其内部加工更是精细无比，雕刻线条柔美，曲线生动。神庙内部更是遵循着多利亚柱式的惯例，既突出主题，又不失庄重宏伟。

雕像与浮雕

　　雕像：在帕特农神庙里，供奉着一尊雅典娜女神的雕像，是雕刻家菲狄亚斯的杰作。在菲狄亚斯巧妙的设计下，这尊神像既可以搬动，又能转移隐蔽。雕像足有12米高，站立姿势，盾牌放在身边，长矛轻轻靠在身上，右手还托着一个黄金和象牙雕刻的胜利之神。无论是头上戴的黄金制造的头盔，还是身上穿的黄金胸甲和袍服，均色泽华贵而沉稳，而那象牙雕刻的脸庞、手脚、臂膀则显出柔和的色调，宝石镶嵌的眼镜更是炯炯泛着亮光。

　　浮雕：帕特农神庙精美和丰富的浮雕与其雕像相比，竟毫不逊色。那条长达160米的浮雕形象生动，人物动作协调而完美，显然是一气呵成，被视为希腊浮雕的代表作。

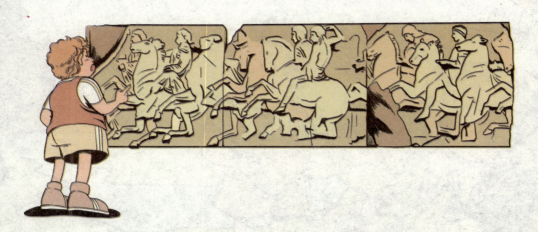

雅典卫城的设计在哪里体现出古希腊**建筑群**巅峰时期的**特点**？

答：雅典卫城是一座整体建筑，而作为卫城的入口，山门普拉比列伊建在西面，其有着两个不对称的侧翼，其中左翼宽大，而右翼短小，但雅典娜神庙却正好建在右翼之上。因此，那精巧的女神庙便与山门一道，构成了视图上的统一平衡。而这种在不对称的结构中寻求均衡，则恰恰是古希腊建筑巅峰时期的特点。

第十五章

谜团，谜团

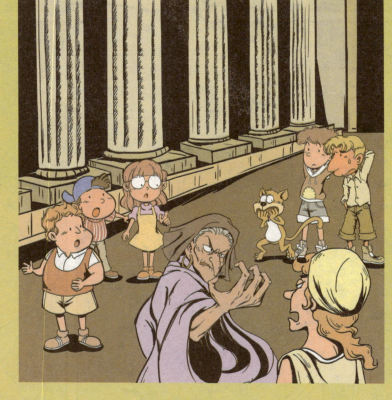

独特的城邦——斯巴达

斯巴达是一座非常独特的城邦，也是古希腊最大的城邦，位于古希腊南部伯罗奔尼撒半岛的拉哥尼亚地区。那么，其独特之处体现在哪里呢？

（1）进入奴隶社会，斯巴达采取王国统治形式，统治者由首领逐渐转变成国王，王位采取世袭制。

（2）从某种程度上来说，斯巴达根本没有严格意义上的城市，更没有城墙。城里只是分散着简朴的房屋，可以说是农村的集合体。

（3）斯巴达虽然在贸易方面与外邦有着密切联系，但对于社会、政治制度上却严格保有自己的传统。

（4）斯巴达拥有广袤的土地，因此出产的粮食能保证自给自足，无须从外邦进口。

伟大的立法者来库古

在建国之初，斯巴达的各种规章制度都不是很完善，而来库古便是那修正、完善法律之人。他曾经制定出一套缜密的法律准则，并建立起一套完整的社会体系。那么，他究竟是如何做到的呢？

（1）来库古认为国内的体制缺乏规范，于是，他在外游历期间，曾对克里特岛、小亚细亚半岛、埃及等地进行实地考察。

（2）将平民划分为不同的部落和村社，施行户籍管理，并调整改革了政体，削弱先前"双王制"的相应王权，如将国王职责缩减到祭祀和处理案件；赋予两个国王同等的权力，从而令其互相牵制。

（3）成立元老院，设置公民大会。

（4）重新分配土地；取消所有金银货币，规定只有铁制货币可以流通，而且还贬低币值；建立公共食堂。

（5）将公民置于集体生活的管束当中，从而促进全民军事化发展。

立法

什么是

"双王制"?

答：斯巴达所施行的"双王制"，从字面上可以理解为国家是由两个国王共同掌权的。即：国王分别由两个王室世袭。在出征时，由其中一位国王领兵出战，另一位则留守。而且，他们共同拥有着至高无上的权力。